Todos los libros de Linkgua Ediciones cuentan con modelos de Inteligencia Artificial entrenados por hispanistas. Pregúntale al chat de tu libro lo que desees acerca de la obra o su autor/a.

Para ebooks: Accede a nuestro modelo de IA a través de este enlace.

Para libros impresos: Escanea el código QR de la portada con tu dispositivo móvil.

Obtén análisis detallados de nuestros libros, resúmenes, respuestas a tus preguntas y accede a nuestras ediciones críticas generativas para una experiencia de lectura más enriquecedora.
La transparencia y el respeto hacia la autoría de las fuentes utilizadas son distintivos básicos de nuestro proyecto. Por ello, las respuestas ofrecen, mediante un sistema de citas, las fuentes con las que han sido elaboradas.

Pero López de Ayala

Poemas

Barcelona 2024
Linkgua-ediciones.com

Créditos

Título original: Poemas.

© 2024, Red ediciones S.L.

e-mail: info@Linkgua-ediciones.com

Diseño de cubierta: Michel Mallard.

ISBN rústica: 978-84-9816-589-0.
ISBN ebook: 978-84-9953-406-0.

Cualquier forma de reproducción, distribución, comunicación pública o transformación de esta obra solo puede ser realizada con la autorización de sus titulares, salvo excepción prevista por la ley. Diríjase a CEDRO (Centro Español de Derechos Reprográficos, www.cedro.org) si necesita fotocopiar, escanear o hacer copias digitales de algún fragmento de esta obra.

Sumario

Créditos	4
Brevísima presentación	9
La vida	9
Preliminar	11
Los diez mandamientos	15
I. Luego en el primero, Señor, Tú nos mandaste	15
II. Segundo, defendiste en vano non jurar	15
III. Lo terçero mandaste las tus fiestas onrar,	16
IV. Onrar a nuestros padres en el quarto contiene;	16
V. Lo quinto defendiste a omne non matar,	17
VI. El sesto mandamiento me dize: «Non farás	19
VII. Seteno mandamiento dize: «Non furtarás,	19
VIII. El ochavo defiende: «Non serás mal testigo,	20
IX. La muger del próximo el noveno defiende;	20
X. Dezeno mandamiento me viene defender	21
Los siete pecados mortales	23
Pecado de soberbia	25
Pecado de avaricia	27
Pecado de lujuria	29
Pecado de envidia	31

Pecado de gula 33

Pecado de ira 35

Pecado de acidia 37

Las siete obras de misericordia 39

Los cinco sentidos 43

Libros a la carta 49

Brevísima presentación

La vida
Pero López de Ayala (1332-1407). España.
Nació en Vitoria, era hijo de Fernán Pérez de Ayala y de Elvira de Cevallos. Ejerció la política, la diplomacia, la guerra y la poesía.
Sirvió a cuatro monarcas: Pedro I, Enrique II, Juan I y Enrique III. Combatió en varias batallas y cayó prisionero en las revueltas de la Aljubarrota a manos de los portugueses. En su rescate, que costó treinta mil doblas, intervinieron su esposa, doña Leonor de Guzmán, el maestre de Calatrava y los reyes, no solo de Castilla, sino también de Francia, pues, entre otros muchos cargos, fue embajador en este país.

Preliminar

En el nombre de Dios, que es uno en Trinidat
Padre, Fijo, Espíritu Santo, en sinple unidat
eguales en la gloria, eternal majestad,
e los tres ayuntados en la divinidat.

El Padre non es fecho, nin de otro engendrado,
nin por otra materia de ninguno criado;
el engendrado dél Fijo, su solo muy amado
de los dos el Espíritu proçede inflamado.

Es alta teología sçiençia muy escura;
los señores maestros de la Santa Escriptura
lo pueden declarar, ca lo tienen en cura:
yo podrié, como sinple, errar por aventura.

Desta Santa Escriptura abastante creer,
en nuestra madre Eglesia firmemente tener,
quien bien así obrare podrá seguro ser,
e quien mal lo fiziere aver s'a de perder.

Aquesta Trinidat llamo con grant amor,
que me quiera valer e ser meresçedor
de ordenar mi fazienda en todo lo mejor
que a mi alma conpliere, que só muy pecador.

El pecado de Adam, nuestro padre primero,
nos trae obligado a pecar de ligero;
por ende, yo, Señor, la tu merçed espero,
que Tú eres jüez justo e verdadero.

Pensando yo en la vida deste mundo mortal,
que es poca e peligrosa, llena de mucho mal,
faré mi confesión en la manera qual
mejor se me entendier, si Dios aquí me val.

Lo primero, encomiendo en este escripto yo
la mi alma a Dios, que la formó e crió
por su preçiosa sangre después la redimió
que quiera perdonarla, si en algo fallesçió.

Fallesçió, non es dubda, contra su Criador,
que la crió muy linpia e sin ningunt vigor,
siguiendo los deleites del cuerpo pecador,
que está muy manzellada delante el Salvador.

A Él pido merçed, que non quiera catar
las mis grandes maldades, en que le fui errar
que nunca yo podría sofrir nin soportar
las penas que meresco, si s'an de egualar.

Del limo de la tierra muy baxo só formado,
de materia muy vil; por eso só inclinado
en pecar a menudo e ser así errado.
por ende yo devía ser ante perdonado.

Justiçia será asaz, con piedat, Señor,
perdonar al errado que cae en error
por la flaca materia, que l' faz mereçedor,
si ha de sus pecados contriçión e dolor.

Para esto la tu graçia será muy menester,

ca sin ella el omne non puede bien fazer.
Otorga me, Señor, que yo la pueda aver,
e aya la mi alma por ende salva ser.

Cobdiçia la mi alma a Ti, Señor, servir,
como a mi Criador, a quien ella ha de ir;
El cuerpo sin ventura luego me va fallir:
¿Quién puede tal batalla soportar e sofrir?

A Tu noble figura, Señor Tú me formaste
de espíritu de vida Tú me bivificaste,
por Tu preçiosa sangre carament me conpraste,
de poder del enemigo crüel Tú me libraste.

Del todo contra Ti fui yo desconosçido,
en te fazer enojo mucho aperçebido,
El bien que me feziste fue te mal gradeçido:
Por end, Señor, perdón con gemido te pido.

Conosco yo, Señor, que nunca te serví
como leal cristiano: en todo fallesçí,
e todo el mi tienpo muy mal lo despendí:
por ende me confieso luego, Señor, a Ti.

Segunt dize un sabio, conosçer el pecado
es señal de salud al omne que es errado:
Por ende de tu graçia estó yo esforçado,
que tal conosçimiento a mí será otorgado.

E, Señor piadoso, Tú quieras perdonar
los mis grandes pecados en que te fiz pesar,
e me otorga tienpo, espaçio e logar,

que a Ti pueda servir e a Ti solo loar.

Los yerros que te fiz aquí, Señor, diré
algunos, ca he rresçelo que muchos olvidé
como tus mandamientos, çimientos de la fe,
por la mi muy grant culpa todos los quebranté.

Los diez mandamientos

I. Luego en el primero, Señor, Tú nos mandaste
adorar a Ti solo, e por él nos vedaste
creer en otros dioses, e sienpre reçelaste
nuestra flaca creençia, e por ende ordenaste.

Contra esto pequé, Señor, de cada día,
creyendo en agüeros con grant maliçia mía,
en sueños e estornudos e otra estrellería,
ca todo es vanidat, locura e follía.

Ca de todas las cosas Tú fueste el Criador,
non puede ser llamado ninguno otro Señor,
Tú eres solo Dios, e yo tu servidor,
en otro adorar sería grant error.

II. Segundo, defendiste en vano non jurar
por el tu santo nonbre; te devemos loar
los inojos fincados, loando e adorar;
e contra esto luego me quiero acusar.

Juro muy a menudo por tu nonbre, Señor,
e maliçiosamente, de que só pecador,
e por muy vanas cosas e sin ningunt color:
Por ende merçed pido a Ti de tal error.

Quebranté muchos votos que fize en sazón
que estava en grant cuita e en grant tribulación;

libraste me, Señor, de toda ocasión,
mas los promesos votos aún oy por conplir son.

III. Lo terçero mandaste las tus fiestas onrar,
dexar nos de obras vanas e a Ti, Señor, orar,
e en buenos pensamientos aquel día pasar,
limosnas a los pobres de nuestros bienes dar.

Guardé lo yo, Señor, muy poco tal mandado.
El día de la Fiesta nunca fue apartado
por mí del otro día que estava otorgado
de fazer todas obras: por que só muy culpado.

El día del domingo caminos començé,
mis omnes e mis bestias muy mal los trabajé,
con aves e con canes aquel día caçé,
de fazer obras santas poco me enpaché.

De oír dezir las oras non tomé devoçión
en la tu casa santa, ni a la predicaçión:
en vanos pensamientos puse mi coraçón,
mentir e escarnir era mi entinçión.

IV. Onrar a nuestros padres en el quarto contiene;
al que así lo faze tu graçia le mantiene,
las onras deste mundo e todo bien le viene:
si ventura avemos, pasar lo non conviene.

Çierto, Señor pequé en él por mi ventura,
ca nunca los onré, nin tomé dende cura

como servir devía, por la mi grant locura:
por que agora mi alma siente mucha tristura.

Mi padre e mi madre, Señor, me engendraron,
a la luz deste mundo ellos me aportaron,
con muy grandes cuidados chiquillo me criaron,
después en los sus bienes ricament me dotaron.

Sienpre les fiz enojos e les fui mal mandado,
pequeña reverençia les tove, mal pecado;
con lágrimas lo lloro, ca só muy manzellado:
Merçed, Señor, demando, sea me perdonado.

Señor merçed te pido, que ayas piedat
de mi alma mesquina, e a la mi grant maldat
vença en tu jüízio tu noble caridat,
ca mucho mal meresco e mucha crüeldat.

   V. Lo quinto defendiste a omne non matar,
ca quien así lo faze quiere se egualar
contigo, Señor grande, que lo fueste formar
solo a Ti pertenesçe de tal caso usar.

Pecado es muy grande e muy contra razón,
que un omne mate a otro por qualquier ocasión,
que es contra natura, ca veemos que el león
nin el lobo non mata tales como ellos son.

Quien su próximo matare de Dios será judgado
en este mundo, en otro gravemente penado:
en Caín lo verás quál es este pecado,

en las penas que ovo, cómo fue castigado,

Quien atal cosa ayuda en consejo o favor
así es omeçida como el matador:
ver lo has por Judás aquel falso traidor,
que fue en el consejo de matar al Señor.

Otrosí quien enfama de mal a su cristiano,
matador le dirán, e non es nonbre vano,
ca mata e sotierra bivo a su hermano:
por ventura l' valdría más morir por su mano.

Otrosí quien no acorre a quien puede ayudar,
matador le diremos, que mucho es de culpar;
quien puede fazer bien e non toma logar,
finca en muy grant culpa e non s' puede salvar.

Si vieres tu cristiano de fanbre pereçer,
de frío o de sed, o de otro menester,
acorre le si puedes, non le dexes perder;
si por tu culpa muere, avrás de padesçer.

Señor, só muy culpado contra tu mandamiento,
e de todo en todo por errado me siento;
maté e enfamé, e dexé al fanbriento
peresçer, e acorrí muy tarde al sediento.

Di mucho mal consejo e otorgué mi favor
por estorvar a muchos de quien avié rencor;
Señor, Tú me perdona de tan feo error,
non se pierda el alma por cuerpo pecador.

VI. El sesto mandamiento me dize: «Non farás
ni acometrás forniçio que sabe que avrás
por ende grandes penas, e por la ley verás
como deste pecado a Dios enojarás».

Leemos que el deluvio que el mundo sumió
por solo este pecado Nuestro Señor lo dio,
porque los omnes todos que Él fizo e crió
amavan a las gentes que les Él defendió.

Ha en este pecado maneras departidas,
las unas son muy malas, otras aborreçidas;
pecado es muy suzio e acorta les las vidas
a los que en él caen: nunca en él comidas.

Si quieres defender te deste pecado tal
atienpra tu comer, non sea desigual;
escusa ver mugeres nunca pienses en ál,
e sienpre te acuerda que eres omne mortal.

Señor, buelve tu cara, non cates mis pecados,
ca son feos e muchos e muy desaguisados,
e da me la tu graçia que sean perdonados,
porque pueda salvar me con los tus apartados.

VII. Seteno mandamiento dize: «Non furtarás,
e los bienes agenos nunca los robarás,
e si así non lo fazes, contra Dios errarás:
si te salvar cobdiçias, dello te guardarás».

Pequé mucho en esto con mucha ladronía,
tomando lo ageno e mucha robería,
de que non fize emienda fasta en este día,
nin nunca ovo el dueño de mí la su valía.

VIII. El ochavo defiende: «Non serás mal testigo,
por amor ni pavor amigo nin enemigo;
nunca por el tu dicho otro pierda su abrigo:
avrá buena ventura quien fiziere el castigo».

Nunca te pagues mucho de querer profaçar
nin de escarnesçer nin de falso burlar,
ca esto non es ál sinon mal enfamar
al próximo inoçente por le muy más dañar.

De bivos e de muertos, Señor yo profaçé,
afirmé muchas vezes las cosas que non sé,
enfamé al mi cristiano e su fama dañé:
por que, Señor, te pido perdón pues que erré.

IX. La muger del próximo el noveno defiende;
será de grant ventura el que lo bien entiende
e lo guarda por sienpre: non faga porque emiende
en el fuego durable que sienpre se ençiende.

¿Quién contará el enxienplo deste duro pecado?
como el rey David por él fuera penado,
quando tomó a Urías, el su siervo cuitado,
una muger que avía estando en el fonsado.

Viera el rrey David de un soleador
bañar a Bersabé, e tomó le amor
luego de la robar, e fue él forçador
por que después grant pena le dio Nuestro Señor.

De aqueste pecado Dios mucho se ensañó,
e a aquel rey David en mucho lo penó:
mató le luego el fijo que ella dél conçibió,
e después del su pueblo setenta mill mató.

    X. Dezeno mandamiento me viene defender
que nunca yo cobdiçie el ageno aver,
ca sin ello muy rico me puede Dios fazer,
e qual es lo mejor, Él lo sabrá escoger.

Cobdiçio, yo, Señor, asaz de cada día
los bienes de mi hermano e toda su quantía,
e que lo él perdiese yo poco curaría,
e poca caridat sobre esto le ternía.

Cobdiçio yo, Señor, e só muy avariento,
e pasé todas las cosas contra tu mandamiento:
da me, Señor, tu graçia e tu defendimiento,
que faga yo a mi alma otro mejor çimiento.

Señor muy piadoso, yo me confieso a Ti,
que en este pecado algunt tienpo fallí,
e después yo muy tarde e mal me arrepentí:
por que tu piedat, Señor, espero aquí.

Señor mío, Tú quieras tu siervo perdonar
por tu misericordia de que sueles usar,
a este pobre omne, que Tú fueste formar,
pueda por la tu graçia en tu gloria morar.

Los siete pecados mortales

Pecado de soberbia

Otrosí, Señor, pequé en los siete pecados
muy malos e muy feos, de muerte condenados,
que son dichos mortales por su nonbre llamados,
quales aquí diré, ca los he bien usados.

El primero es sobervia, en que el ángel pecó,
muy linpio e muy noble, qual Dios a él crió,
Luçifer en el çielo, e luego en sí pensó
de ser egual de Dios, e por ende cayó.

Por sobervia pecó nuestro padre primero
Adam en paraíso, contra Dios verdadero;
pasando el mandamiento él fue el delantero;
después de nuestra madre, él fue el consejero.

Que serién tus eguales en alcançar saber
les dixo la serpiente por les fazer perder,
si comiesen la fruta que fueste defender,
e así por tal sobervia ovieron a caer.

El rey de los pecados sobervia es llamado,
de todos es señor e prínçipe coronado,
su fijo el diablo por él es deseredado,
en los baxos abismos do yaze condenado.

Por sobervia peresçen muchos e peresçieron,
cuidando ser señores, los sus bienes perdieron;
los gigantes muy grandes que la torre fizieron
por su muy grant sobervia allí se confondieron.

Por su muy grant sobervia fue Roboán dañado,
fijo de Salomón, ca fue desmesurado:
en despechar sus pueblos fizo crüel mandado,
e perdió en un día diez tribus del regnado.

E fue Senacherib segunt dize Isaías,
sobervio e crüel en todos los sus días:
por ende fue ferido en sus cavallerías
de los sus enemigos a grandes peorías.

Otros muchos sobervios abaxó el Señor,
así como Olefernes Nabucodonosor,
Hamán e al fariseo: por ende es mejor
esquivar tal pecado que tanto es dañador.

Pero que non só rey asaz sobervia he,
en lo que fazer pude con todos me egualé;
perdona me, Señor, por voluntad pasé
a todos de talante, si de fecho non obré.

Pecado de avaricia

Avariçia es pecado, raíz e fundamiento,
e de todos los males éste es muy grant çimiento:
esquivar lo deve omne de buen entendimiento,
ca deste nasçe al alma muy grant destrüimiento.

E en este pecado se cuenta la usuría,
e las fuerças e furtos, e toda robería,
echar los grandes pechos, falsa mercaduría;
aquí son abogados en esta cofradía.

Por aqueste pecado fue vendido el Señor
por los treinta dineros por Judás el traidor;
por esta fue de muerte Acab mereçedor,
que tomara su viña al pobre servidor.

Esta trae las guerras destruye lo poblado;
a la viuda e al pobre tiene deseredado,
e faze de buen pleito muy malo el abogado,
al huérfano chiquillo dexa l' mal consejado.

Aquí es simonía, que faze mucho mal;
A quien tiene oro e plata çinco obispados val;
aunque sea letrado, si aquesto le fal,
non l' darán benefiçio por el su decretal.

Esta trae los pechos en los pueblos cuitados,
monedas, alcavalas, enprestidos doblados,
sueldo a cavalleros e omnes escudados,
galeotes, ballesteros por ella son echados.

Al que ha buena casa, echan le fuera della,
quien cuida estar con paz, dexan lo con querella,
a ricos e a pobres traen los a la pella,
levanta muchos males esta chica çentella.

Esta faze perder a muchos mercadores
su alma e su fama e los faz mentidores:
venden lana por lino e son engañadores,
quieren con una tinta teñir quatro colores.

Esta trae usuras, que lievan con engaño
por çiento quatroçientos antes del medio año;
si le tomares fiada la vara de su paño,
aunque muy bueno sea lievas lo con grant daño.

En aquesta cobdiçia peco de cada día,
con mucha avariçia bivo la vida mía,
parto mal con los pobres de toda mi quantía;
después quando me duele, llamo Santa María.

Nuestro Señor consiente e es muy sofridor,
no acaloña al culpado luego en el fervor;
después de que le pide acorro el pecador,
non recabda en un día por ser muy rezador.

E Señor piadoso, ave merçed de mí,
ca en este pecado asaz yo falleçí,
cobdigiando e robando, e sin razón pedí
algo a mis vassallos, que mal les gradesçí.

Pecado de lujuria

Luxuria es pecado de la carne mortal,
que destruye el cuerpo e faze mucho mal
al alma e a la fama; a todos es egual
en dar les perdimento: por lo que çedo fal.

Es de muchas maneras este feo pecado:
en él es adulterio, que es de omne casado;
otro es el inçesto de monja de sagrado,
del santo monesterio que a Dios está fundado.

Otro es el estrupo quien peca con parienta;
pecado es que a Dios pesa, e dél mucho se sienta;
pone en grant vergüença a omne, e en afruenta,
e pena l' gravemente, si se non arrepienta.

A todos es común nonbre fornicaçión;
qualquier que así peca en esta ocasión,
fornicador lo llaman, e es tribulaçión,
si en ello persevera el mesquino varón.

Los viejos que a Susaña falsamente acusaron,
por esto, mal pecado, a sí mesmos çegaron:
muchos señores grandes en esto tronpeçaron;
qual fue la fin de ellos muchos la señalaron.

Esta es la enemiga de la virginidad,
de santa continençia, e noble castidat;
su contraria es della la linpia puridat,
la sinple inoçençia la derecha bondat.

Desta son ocasión el mucho conversar
sienpre con las mugeres, e non se bien tenprar
en comer e en bever, e oçioso estar:
por ende nos de todo conviene bien guardar.

Tú me libra, Señor, deste duro pecado,
ca só mucho por él a tierra abaxado
la tu graçia me acorra, e sea ayudado,
non me vença el diablo, que asaz me ha dañado.

Pecado de envidia

Enbidia es un pecado que muchos males ha;
de bienes de tu próximo grant pesar te fará
e de sus grandes daños sienpre te alegrará:
ésta pierde al alma e al cuerpo gastará.

Peca en el Spíritu Santo quien de enbidia pecó,
que contra la bondat de Dios Señor erró,
e de çierta maliçia della se enbargó:
Por ende es menester perdón, si fallesçió.

El diablo artero, que del çielo cayó,
por aqueste pecado al omne engañó,
quando en paraíso del árbol le mandó
comer, porque perdiese el bien que Dios le dio.

Los fijos de Isräel con enbidia perdieron
A Josep su hermano, quando le así vendieron
e después a su padre con maliçia mintieron:
que bestias lo mataran falsamente dixeron.

Leemos que Saúl por esto aborresçía,
a David, maguer mucho menester lo avía;
con grant enbidia pura sienpre lo perseguía:
por ende después ovo fuerte postrimería.

Enbidioso e malo e de mal coraçón
fui yo sienpre, Señor e en toda sazón;
busqué mal a mi hermano sin ninguna razón,
plogo me de su daño e de su perdiçión.

Señor, perdón te pido non quieras Tú catar
atanta culpa mía, en que te fiz pesar;
aya yo tu perdón e pueda me emendar,
e segunt me mandaste, a mi próximo amar.

Pecado de gula

Gula e tragonía es un mortal pecado:
por éste fue Adam de paraíso echado
porque quiso comer lo que le era vedado;
maguer, lo él comió: caro costó el bocado.

Leemos que Noé después que fue labrar
la viña e el vino quiso dende gustar
beviendo ende mucho, ovo se a desnudar,
mostrando sus vergüenças non podía acordar.

El uno de sus fijos luego le fue cobrir,
el otro començó fuertemente a reír;
quando el padre lo vio ovo le a maldezir:
en él la servidumbre començó a venir.

Lod, el que de Sodoma no l' pudieran vençer
vençió lo el mucho vino, por que se fue perder,
e ovo sus dos fijas él mesmo a conosçer:
desto muchos enxienplos se podrían traer.

Escripto es que Esaú por un pobre manjar
la primogenitura a Jacob fuera dar,
fincó desventurado por una vez fartar
el vientre que non puede farto mucho durar.

Lee se que Judit que Olifernes mató,
desque de mucho vino muy farto lo sintió;
e con el desatiento luego se adormeçió:
pero muger e flaca la cabeça l' cortó.

E dexé yo al pobre de fanbre peresçer,
que con pan e con agua le pudiera acorrer,
dél ove poco duelo por lo ver ir perder,
tanto que el mi cuerpo cunpliese al su plazer.

Busco muchas viandas costosas e preçiadas,
de diversos sabores ricamente adobadas,
que a yantar e çena sienpre finquen sobradas:
muchos pobres fanbrientos las tienen deseadas.

Por este tal pecado el rico peresçió
que con el pobre Lázaro su pan muy mal partió;
comió muchos manjares mas en cabo murió;
después en el infierno perdido desçendió.

Comer ante de la ora, tienpo desordenado,
es pecado sin dubda e muy acaloñado:
por esto Jonatás de muerte fue judgado,
si el pueblo non oviera por él mucho rogado.

Señor, e ¿qué será de mí muy pecador?
que en éste e en los otros yago en grant error,
ca sienpre fui e só muy mal ayunador,
e con los pobres tuyos escaso partidor.

Pecado de ira

Ira es un pecado que a muchos escarneçe;
pierden por ella el alma e el cuerpo padesçe;
al que la ha usada, nunca le ella fallesçe
con mala conpañía, qual él della meresçe.

Esta trae discordias e guerras toda vía,
e toda malquerençia, e toda robería;
ésta quema los regnos, e destruye en un día
lo que en muy grant tienpo cobrar non se podría.

Esta faz maldizientes, e faz mal razonados
los unos contra otros, por que son enfamados
muchos omnes sin culpa; son por ende menguados
algunos de sus onrras que son poco culpados.

Esta faze omeçidos e los omnes matar,
faze muchas crüezas e muchos deçepar;
pierden mano e narizes e son de apiadar,
ca pierden lo que nunca jamás podrán cobrar.

Esta faze sañudos los omnes sin razón
contra sus servidores, con mucha ocasión,
ca los fieren con saña, donde viene lisión:
después que non han cobro, querrién aver perdón.

Maguer só yo el menor del mundo en estado,
muchas vezes pequé en tal, e fui errado

con ira e con saña, e dixe mal de grado,
enfamando a muchos: por que ora só cuitado.

En Ti espero, Señor, que avrás merçed de mí,
e me perdones yerros en que te fallesçí,
que son tantos e tales que yo bien meresçí
aver muy grandes penas, si non acorres y.

Pecado de acidia

Açidia es un pecado en que viene tristura,
de bien fazer pereza, e una grant floxura
muy muelle e sin pro, que pierde omne cura
de fazer buenas obras, si las faz, poco dura.

Esta faz a los omnes bivir en nigligençia;
nunca en bien trabajan, nin en ninguna sçiënçia;
a sí mesmos mal quieren e han poca paçiençia;
si algunt mal les contesçe, sufre se sin conçiençia.

Pecado es muy laído e de poco plazer,
mas tibio e muy frío para ir se perder
el omne que lo ha, sin ningunt bien fazer,
por ende del diablo ligero es de vençer.

Los que los sus pecados non quieren confesar,
e cras e cras diziendo lo quieren alongar,
con grant desesperança e poco a Dios amar:
aqueste grant pecado los faz así çegar.

Han poca devoçión a Dios e a sus santos,
ca son tales sus yerros, e tan feos e tantos,
que solo los nonbrar de sí toman espantos:
mejor es con el alma fazer aquestos llantos.

Aquí puedo poner un pesado dormir,
que han algunos omnes que non pueden partir
del lecho donde yazen para poder oír
las misas e las oras do a Dios suelen servir.

A omnes oçiosos muchos yerros contesçen,
e muchas buenas obras por tal yerro falleçen;
piensan en otros males, por que después padesçen
las penas del infierno, que nunca desfallesçen.

De la su vida mesma están tan enojados,
non saben lo que quieren así están pesados,
e con razón lo fazen, que cargan sus pecados
por los levar a feria do les serán pagados.

Señor mío, merçed, non seas achacoso,
contra mí pecador non seas querelloso,
otorga me tu graçia, o Padre piadoso,
e guarda me de mal tan grande e espantoso.

Las siete obras de misericordia

Acusar me yo puedo otrosí de maldat,
ca nunca yo conplí obras de piedat;
e si non me acorre la tu noble bondat,
en grant ruido só, si vale la verdat.

El día del juizio ternás cuenta, Señor,
cada uno cómo fizo, e quál es pecador;
e ¿quién será aquel día sin miedo e sin pavor,
si tu merçed non vale contra su grant error?

Mandaste Tú, Señor, al pobre acorrer;
si peresçiés' de fanbre, que l' diesen a comer;
al que sed padesçía, que l' diesen a bever;
al desnudo e lazrado, algunt bien le fazer.

Vesitar al enfermo, mucho le apiadar,
qual omne a sí querría a su cristiano dar,
con poco de su algo le podría pagar,
e podría el doliente de mucho mal sanar.

Otrosí vee omne cativo, encarçelado,
su próximo cristiano, que está aprisionado,
deve con caridat fazer le bien de grado
ca mucho es menester a aquel que es lazrado.

Si vieres algunt cuerpo muerto, por aventura,
que está en grant pobreza, sin aver sepoltura,
sotierra lo por Dios, e toma dello cura,
e Dios te acorrerá, do sintieres tristura.

Leemos que Tobías estas obras cunplió;
en captiverio estando nunca dello çesó;
a los pobres fartando, los muertos soterró,
e por ende de Dios muchas graçias tomó.

Con grant vergüença estó, Señor, delante Ti:
de todas estas cosas ninguna non conplí;
nin vesité enfermos, nin al fanbriento di
una pobre limosna, nin dar non comedí.

Si yo vi pobre muerto, dél muy poco curé
de le dar sepoltura, mas los ojos çerré
por no l' veer de enojo; muchas vezes dexé
pasar por la carrera do muerto lo fallé.

El cuitado enfermo, lazrado e doliente,
o de otra majadura de que fues' padesçiente,
aborresçí l' de ver de todo buen talente,
e gómito fazia, si me venía emiente.

Non ove piedat del que vi en prisión,
nin le di mi esfuerço, nin la pobre raçión;
de le ver en cadena non ove conpasión,
mas olvidé lo sienpre con duro coraçón.

Con mi palabra sola pudiera l'yo acorrer
a algunt cuitado preso, non lo quise fazer,
e dexé lo así en cárcel, morir e podresçer
de fanbre e de frío; allá se fue perder.

Tenía muchos paños de mi cuerpo preçiados,

e de todos colores, senzillos e doblados,
los unos e los otros ricamente broslados,
e vi morir de frío pobres desanparados.

Con valor de mis paños a mill pobres vestiera,
e grant bien e grant pro de mi alma fiziera;
en mis tribulaçiones mejor cabdal toviera,
ca Dios me ayudara por quien lo yo partiera.

Sintiera yo muy poca mengua en mi fazienda,
si a los pobres lazrados fiziera alguna emienda,
e nunca se vería en tan mala contienda
quien lo así fiziere que Dios non lo defienda.

Mas ¿qué cunple a los pobres aquesto yo dezir,
e tan mal e tan tarde dello me arrepentir?
Por ende, mis señores, quien me quisier oír,
madrugue de mañana quien grant jornada ha de ir.

Verná Dios a jüizio aquel día de espanto,
tan grande e tan fuerte, e de tan grant quebranto,
que tremirá de miedo el omne que fuer santo
e ¿qué será mesquino de mí que pequé tanto?

Como justo jüez allí será el Señor:
dará a cada uno como es meresçedor
e de la su sentençia non avrá más clamor,
nin podrá apellar para ante otro mayor.

En quanto somos bivos e Dios nos da logar
de fazer buenas obras, nuestras almas salvar,

pongamos grant acuçia, non le demos vagar,
que quando non cuidáremos, nos verná a llamar.

Verná muy sin sospecha, así como ladrón,
aquel día espantable do no ha escusaçión
de ir al otro mundo: non sé quál coraçón
está sienpre seguro, si piensa en tal razón.

Si bien o mal fezimos, todo conusco irá;
si es prieta o blanca, allá paresçerá;
non ha lograr de emienda, ca çesado avrá
el tienpo que tenemos jamás non tornará.

Non fallaré allá ningunt encarçelado,
nin quien pida del pan, desnudo nin lazrado,
nin muerto sobre tierra, enfermo nin llagado:
cada uno estará o bien o mal pagado.

En esta corta vida conviene aperçebir
de fazer algunt bien e limosnas partir:
quando llegare el plazo que allá avemos de ir,
vamos aperçebidos, non nos puedan nuzir.

E vamos sin verguença las nuestras cuentas dar
a aquél que, sin engaño las sabrá bien tomar,
ca delante Él será muy çedo a declarar
cómo fizo cada uno no s' podrá ençelar.

Los cinco sentidos

Non podría yo, Señor, atanto me escusar,
que muchas más non sean mis culpas de contar,
ca los çinco sentidos non devo yo olvidar,
los que por muchas vezes me fizieron pecar.

Caté yo con mis ojos donde fize pecado,
logar do non conplía que me era devedado;
desque visto lo avía, fincava cobdiçiado
de mí, e por conplir lo era yo muy quexado.

Estos fueron comienços, en que Adam pecó:
desque vio la mançana, fermosa l' paresçió,
e luego por talante comer la cobdiçió:
asaz fue virtüoso quien dello se guardó.

Si non viera David a Bersabé bañar,
non muriera Urías, nin fuera él pecar;
si non viera Amnón a su hermana Tamar,
nunca la cobdiçiara, nin la fuera forçar.

Por esto el santo Job a Dios Señor dezía
que con sus ojos mesmos en amistad ponía,
porque de ver la virgen mejor se defendría,
ca todo el mal achaque de allí le desçendía.

Muchas vezes, Señor, algunas cosas vi,
que después con pecado en ellas comedí,
e por ende, Señor, merçed te pido aquí,
que mis yertos perdones, pues los confieso a Ti.

E otrosí, Señor, en el oír pequé,
ca muchas cosas vanas oír las cobdiçié,
donde tomé grant quexa, e mucho trabajé
de fazer algunt yerro a toda mala fe.

En lo que omne oye luego conçebirá
en coraçón rencor, e luego pensará
cómo cunpla talante e nunca catará
que a Ti, Señor, enoja, nin dello curará.

Por mis pecados plógome alguna vez oír
cosas que me fizieron de tu graçia partir,
e luego esforçé mi voluntad conplir:
que nunca lo dexara por yo saber morir.

Oí muchas mentiras con falsa opinión
de fama de mi hermano; luego mi coraçón
creyó lo e afirmó lo, e busqué ocasión
de le traer en daño sin otra conpasión.

Si Judás non oyera, non cayera en error,
nin fiziera tal pleito por vender al Señor,
oyó al falso pueblo, e luego el traidor
cunplió lo por la obra como pudo peor.

Plogo me otrosí oír muchas vegadas
libros de devaneos, de mentiras provadas,
Amadís, Lançalote, e burlas asacadas,
en que perdí mi tienpo, a muy malas jornadas.

Si fazían sermón, oír non lo quería,

diziendo: «Non lo entiendo, que fabla en teología»;
e luego yo catava alguna conpañía
do fablase en burlas por pasar aquel día.

Señor mío, acorre, que non puedo contar
a Ti más por menudo en lo que fui pecar;
oí e escuché, e fui por ello obrar
grant daño de mi alma, non lo puedo negar.

Gustar es un sentido do puede, mal pecado,
pecar asaz el omne, si non es avisado;
con aqueste pecado Adam fue mal fadado,
que lo que l' non cunplía quiso aver provado.

Gustó de la mançana del árbol defendido,
gustó tragos de muerte por que fuera perdido,
e perdió a nos otros por ser mal comedido:
mucho mal de tal gusto después nos ha venido.

Muchos enxienplos destos podría aquí dezir,
quantos mal se fallaron por mal gusto seguir,
mas suso en la gula, lo fuemos departir;
por ende non conviene otra vez repetir.

Tañiendo peca omne, quando toma plazer
en cosas desonestas, que non deve tañer;
e Dios por la su graçia nos quiera acorrer,
ca muchas ocasiones nos fazen ir perder.

En abriendo el ojo e luego lo çerrando,
faze mortal pecado omne non sospechando;

pero buena entinçión lo puede ir salvando,
e por la su sinpleza Dios le irá judgando.

Pero que la sinpleza non sea apartada
de todo bien saber ca sería judgada
por muy grant bestiedat e nesçedad pesada;
mas sea el omne sinple con cordura acordada.

Oler es un sentido, si es desordenado,
que se sigue de él muchas vezes pecado,
si lo faze el omne por ser más abivado
peca en la luxuria, que es grant mal vedado.

Achaques de pecar, por Dios, nunca busquemos,
ca mal pecado asaz conusco nos traemos;
e si con la su graçia dellos nos defendemos,
non tengamos que poco en aquesto fazemos.

Por todo el mundo tienen pecados sus anzuelos,
con que pescan las almas sus llantos e sus duelos;
por do quier que pasamos llenos están los suelos,
que sienbra el enemigo de padres e de agüelos.

Libros a la carta

A la carta es un servicio especializado para
empresas,
librerías,
bibliotecas,
editoriales
y centros de enseñanza;
y permite confeccionar libros que, por su formato y concepción, sirven a los propósitos más específicos de estas instituciones.

Las empresas nos encargan ediciones personalizadas para marketing editorial o para regalos institucionales. Y los interesados solicitan, a título personal, ediciones antiguas, o no disponibles en el mercado; y las acompañan con notas y comentarios críticos.

Las ediciones tienen como apoyo un libro de estilo con todo tipo de referencias sobre los criterios de tratamiento tipográfico aplicados a nuestros libros que puede ser consultado en Linkgua-ediciones.com.

Linkgua edita por encargo diferentes versiones de una misma obra con distintos tratamientos ortotipográficos (actualizaciones de carácter divulgativo de un clásico, o versiones estrictamente fieles a la edición original de referencia).

Este servicio de ediciones a la carta le permitirá, si usted se dedica a la enseñanza, tener una forma de hacer pública su interpretación de un texto y, sobre una versión digitalizada «base», usted podrá introducir interpretaciones del texto fuente. Es un tópico que los profesores denuncien en clase los desmanes de una edición, o vayan comentando errores de interpretación de un texto y esta es una solución útil a esa necesidad del mundo académico.

Asimismo publicamos de manera sistemática, en un mismo catálogo, tesis doctorales y actas de congresos académicos, que son distribuidas a través de nuestra Web.

El servicio de «libros a la carta» funciona de dos formas.

1. Tenemos un fondo de libros digitalizados que usted puede personalizar en tiradas de al menos cinco ejemplares. Estas personalizaciones pueden ser de todo tipo: añadir notas de clase para uso de un grupo de estudiantes, introducir logos corporativos para uso con fines de marketing empresarial, etc. etc.

2. Buscamos libros descatalogados de otras editoriales y los reeditamos en tiradas cortas a petición de un cliente.

Printed by Libri Plureos GmbH in Hamburg, Germany